GÉNÉALOGIE

DE LA FAMILLE

DE VILLEPOIX

Imp Lemercier et Cie Paris.

PAUL-OLIVIER-GUSTAVE DE VILLEPOIX.

GÉNÉALOGIE

DE LA FAMILLE

DE VILLEPOIX

PARIS

IMPRIMERIE D. JOUAUST

RUE SAINT-HONORÉ, 338

—

MDCCCLXXV

DE VILLEPOÏX

ORIGINAIRE DE NORMANDIE

ÉLECTION ET GÉNÉRALITÉ D'AMIENS

Imp. Lemercier, Paris.

ARMES. — *Porte d'Azur à la Croix ancrée d'Or, cantonnée de quatre Ancres d'Argent. Supports : deux Lions. Cimier : un Lion naissant.*

Lorsque, tout joyeux encore de l'accomplisse-
ment de sa tâche, achevant la généalogie à la-
quelle, après de longs et laborieux efforts, il al-
lait mettre la dernière main, notre cher et vénéré
parent annonçait à toute sa famille le rang
qu'elle allait pouvoir revendiquer dans la société,
il était loin de prévoir qu'une mort prématurée
allait l'enlever à ses joies, à ses travaux, à ses
amis si nombreux, si dévoués, à ses parents enfin
dont il était à la fois le protecteur et le père.

Doué au plus haut degré de l'esprit de fa-
mille, d'une intégrité, d'une droiture antique, il

était en quelque sorte le lien moral qui retenait
et groupait autour de lui la famille entière, ren-
dant justice à tous en arbitre toujours écouté,
entouré d'une vénération qui parmi nous devenait
un culte.

Grâce à son intelligence supérieure, à ses
capacités universelles, à la franchise de son caractère et surtout à la constante délicatesse qui
présida toujours aux moindres actes de sa vie,
il avait su conquérir parmi ses concitoyens une
entière indépendance qui ne se démentit jamais
un instant; qualité rare à notre époque, et qui
lui avait valu la confiance, l'estime et l'amitié de
tous.

L'esprit investigateur qui le poussait à son-
der continuellement l'inconnu, à arracher à la
nature les secrets qu'elle semble vouloir nous ca-
cher, n'était pas resté sans influence sur son ca-

ractère : son regard franc et loyal cherchait la
vérité au fond des cœurs, et, s'il ne cachait rien,
il ne voulait rien ignorer.

A l'étroit dans son enveloppe charnelle, son
âme d'élite aspirait à la connaissance de ces éter-
nelles vérités qu'il recherchait avec tant d'ardeur.

La matière a paru le vaincre par la mort;
pour nous cette mort est une victoire de l'intelligence sur la matière.

Assez forte pour briser les liens qui retien-
nent les âmes vulgaires, son âme s'est rappro-
chée du but qu'elle entrevoyait dans sa vie ter-
restre. Le voile s'est déchiré devant ses yeux
ouverts à la vérité; délivré de l'incertitude et du
doute, il sait maintenant.

Ne désespérons donc pas : la mort n'est qu'une
transformation nouvelle, une des phases les plus

pénibles, il est vrai, mais les plus consolantes de la vie des âmes; et puis est-il donc mort tout entier pour nous, et ne nous lègue-t-il pas un monument durable?

Ses idées, qu'il nous a léguées, qui faisaient de lui le type vivant du père de famille, du bon citoyen, en un mot le vir bonus de l'antiquité, ses idées revivront en nous : c'est là son véritable héritage.

Nous l'avons juré et nous tiendrons ce serment fait sur la tombe si prématurément, si fatalement ouverte, où l'ont conduit, hélas! son amour pour les siens, sa passion pour la science.

A LA MÉMOIRE

DE PAUL-OLIVIER-GUSTAVE

DE VILLEPOIX

LES MEMBRES DE LA FAMILLE

CONTINUATEURS DE SON ŒUVRE

INTRODUCTION

Le franc fief qui a donné son nom à la famille de Villepoix existait au XIVe siècle.

Villepoix est aujourd'hui un village dépendant de la commune de Saint-Omer en Chaussée (Oise).

« *Dans l'*Histoire généalogique et chronologique de la Maison royale de France, *par le*

Père Anselme, 3ᵉ édition, on lit, tome IX, p. 343 :

« Villepoix, baronnie, seigneurie. »

« *Dans l'*INDICATEUR DU GRAND ARMORIAL DE FRANCE, *recueil officiel dressé en vertu de l'édit de 1696, par Charles d'Hozier, on lit, p. 250 :*
« Villepoix (De), seigneur de Froméricourt, de
« Saives, d'Héricourt, de Brunneval, de Rique-
« bourg, de Prouzel, de Bazancourt, de Bou-
« ricourt, de Plachy, etc.

« Colart de Villepoix, dit Piot, possédait
« un fief à Sonjons, que sa fille et héritière
« porta en mariage à Jean Cossart, seigneur
« de Desnicourt, son mari, et duquel il rendit
« foi et hommage au comté de Beauvais l'an
« 1483.

« Charles de Villepoix, seigneur de Prou-
« zel, bailliage d'Amiens, a fait preuve du
« 30 janvier 1500, vivant Simon de Villepoix,

« escuyer, seigneur de Froméricourt, son tri-
« saïeul.

« René de Villepoix, demeurant à Cail-
« louet, canton de Clermont en Beauvoisis, et
« Adrien de Villepoix, seigneur de Saint-Félix,
« ont justifié qu'ils sont cousins germains du-
« dit sieur de Villepoix. » *(Extrait du* Nobiliaire de Picardie, *par Haudiquet de Blan-*
court, M DC XCIII, *p.* 540.*)*

« Le 29 août 1517, François Cossart, fils de
« Jean Cossart et de demoiselle Catherine de
« Villepoix, ses père et mère, fait hommage de
« la moitié indivise du fief nommé fief Gou-
« vyeu, situé audit Saint-Desnicourt, dans le
« vidamé de Gerberoy, aux environs de Beau-
« vais, à lui donné par ses père et mère. »
(Extrait des Documents inédits, *par M. de Beau-*
villé, p. 222.*)*

En 1540, messire Jean Goberot, chanoine de Troyes en Champagne, a donné une procuration à Jean de Villepoix, curé de ladite ville.

« Le Père Anselme fait mention, dans son Histoire généalogique et chronologique de la Maison royale de France, 3ᵉ *édition*, *p.* 525, « du mariage d'un sieur Rollequin « de Soyecourt, seigneur de Franconville, avec « une demoiselle Hermine de Villepoix, vers « 1560, dont est issu Jean de Soyecourt. »

Antoinette Le Scellier, dame de Prouzel-le-Val, de Prouzel-le-Mont et de Plachy, veuve de Pierre de Villepoix, escuyer, seigneur de Froméricourt, de Buires, de Dresles, etc., fille d'Antoine Le Scellier, chevalier, seigneur de Prouzel, et d'Hélène de Poix, fut mariée, par contrat passé à Milly en Beauvoisis, le 24 juin

1585, à Adrien de Boufflers, dit le Jeune, quatrième fils, premier du nom, seigneur de Boufflers, qui fut seigneur de Remiencourt et de
Laval, gentilhomme du roi Henri III, et quali-
fié seigneur d'Auconnay dans son contrat de
mariage.

Charles de Lorraine, duc d'Aumale, baron
de Boves, et Marie de Lorraine, sa femme,
vendirent, par acte passé à Amiens le 13 août
1592, une partie de la seigneurie de Remiencourt, mouvante de la baronnie de Boves, à
Adrien de Boufflers, seigneur de Laval et de
Remiencourt, et à Antoinette Le Scellier, sa
femme.

En 1586, il y a eu une transaction passée
le 27 février devant Louis de Bricqueville, notaire royal à Amiens, entre demoiselle Catherine Le Scellier, veuve de feu Pierre de Ville-

poix, vivant escuyer, seigneur de Froméricourt, Bunerel et autres lieux, gentilhomme
de Monseigneur fils et frère de roy, d'une
part, et François de Villepoix, escuyer, seigneur de Thibauville, et Hericourt en partie,
tuteur de Jacques, Aimé et Robert de Villepoix, enfants mineurs de défunt Pierre de Villepoix et de ladite demoiselle Catherine Le
Scellier, d'autre part.

« *Chevillard, dans une notice sur la* GÉNÉA-
LOGIE DE VILLEPOIX, *portant le n° 21,979, revêtue
de son cachet, fait mention* « d'un sieur Fran-
« çois de Villepoix, seigneur de Richebourg,
« de sa femme Marie Le Scellier et de Fran-
« çoise de Villepoix, leur fille, mariée par
« contrat passé le 16 septembre 1604, par-
« devant maître Frillon, notaire à Roye,
« avec Isaac de Septinien, seigneur de Cu-

« villy. Présent, trisaïeul maternel de Isaac : Jean
« de Franssures, chevalier de Malte. Preuves,
« 1717. »

« *Haudiquet de Blancourt*, M DC XCV, No-
BLESSE DE PICARDIE, *de Rousseville*, 1695 ; GRAND
NOBILIAIRE DE PICARDIE, *font mention* « d'une fa-
« mille de Villepoix, originaire de Normandie,
« élection et généralité d'Amiens, dont le chef
« connu, Jacques de Villepoix, chevalier, sei-
« gneur de Froméricourt et autres lieux, ba-
« ron de Prouzel, etc., qui a épousé par con-
« trat du 25 avril 1610. Fils aîné de Pierre de
« Villepoix et de dame Antoinette Le Scellier,
« dame de Prouzel ».

« *M. de Courcelles*, *dans son* HISTOIRE GÉ-
NÉALOGIQUE, *tome II*, *fait mention* « du mariage
« de Louis d'Épinay Saint-Luc, seigneur de
« Lignery, Bouricourt, etc., le 29 avril 1642,

« avec demoiselle Angélique de Villepoix, fille
« de Jacques de Villepoix, chevalier, baron de
« Prouzel, et de Madeleine de La Grange. »

En 1696, les armoiries des Villepoix ont
été enregistrées au nom d'Angélique de Villepoix, veuve de Louis d'Épinay Saint-Luc, escuyer, seigneur de Lignery, en l'élection des
Andelys, généralité de Rouen.

« *Dans le* MÉMORIAL DE LA FRANCE, *par*
d'Hozier, p. 89, *on lit la mention* « du mariage
« d'Élisabeth de Villepoix, fille de Charles de
« Villepoix, escuyer, seigneur de Prouzel, et
« de Marguerite Cardon, le 11 août 1718,
« avec Adrien-Aimé Bourdin, escuyer, sei-
« gneur de Monssures, demeurant dans la pa-
« roisse de Flai, diocèse de Beauvais. »

Depuis près de cinq siècles la maison de
Villepoix a tenu un rang considérable en Nor-

mandie et en Picardie, et s'est alliée avec les familles les plus distinguées de ces provinces.

Parmi ses alliances, nous citerons celles de Le Scellier, de Boufflers, de La Grange, de Soyecourt, d'Épinay Saint-Luc, de Septinien, seigneur de Cuvilly, de Monssures, etc.

GÉNÉALOGIE

La Maison DE VILLEPOIX s'est partagée en plusieurs branches : la première, éteinte vers le milieu du XVIIIe siècle ; les autres, issues de la précédente, et qui subsistent encore.

La filiation de ces diverses branches est établie sur titres originaux à partir de :

I. — DE VILLEPOIX (N...), qui eut

d'une alliance, dont le nom est inconnu,
deux enfants, savoir :

1º Pierre, qui suit.
2º François de Villepoix, chevalier, seigneur de Riquebourg,
Saint-Amand et Wacquemolin, qui fut présent au contrat
de mariage de Jacques, son neveu.

II. — De VILLEPOIX (Pierre), escuyer,
seigneur de Froméricourt, bailliage de Senlis,
Bazencourt, Badengham et Louricourt en partie.
Il est nommé avec sa femme au contrat de ma-
riage de Jacques, son fils aîné. Il épousa An-
toinette Le Scellier, *remariée à Adrien De*
Boufflers, chevalier, seigneur de Laval et de
Remiencourt, le 24 juin 1585.

Il eut trois enfants :

1º Jacques, qui suit.
2º Aimé de Villepoix.
3º Robert de Villepoix.

III. — DE VILLEPOIX (JACQUES), escuyer, seigneur de Froméricourt, Bazencourt,
Badengham et Louricourt en partie, eut pour
première femme Marguerite de La Grange,
mariée par contrat du 29 avril 1610, fille de
François de La Grange, chevalier, seigneur de
Billemont et de Noüe, et de Madeleine de Mo-
rillon, belle-sœur de Pierre Desfossés, chevalier, seigneur de Couliolles, Noiremont et
Beaufort.

De ce mariage sont issus trois enfants :

1° Charles, qui suit.
2° Nicolas, tige de la deuxième branche, rapportée plus loin.
3° Angélique de Villepoix, mariée à Louis d'Épinay Saint-Luc
   le 29 avril 1642.

Il eut pour deuxième femme Françoise
Thibault, mariée en la paroisse de Saint-Fir-

min le Martyr d'Amiens, le 19 novembre
1663.

IV. — DE VILLEPOIX (CHARLES), chevalier, baron de Prouzel, seigneur de Froméricourt, Bazencourt, Les Vassories, de Boncourt
et autres lieux. Il fut maintenu dans sa no-
blesse par les commissaires députés en Picardie, le 1ᵉʳ juillet 1669, et par Phelypeaux, in-
tendant de la généralité de Paris, le 15 juin
1699.

Il eut pour première femme Louise Le Picart, mariée par contrat du 14 novembre 1663,
fille de feu Prosper Le Picart, chevalier, mar-
quis de Saignelaye, seigneur et baron de la
Haute-Maison, gentilhomme ordinaire de la
chambre de feu monseigneur le duc d'Orléans,

et de Louise de Neufcars, sa veuve, sœur de
Claude Le Picart, escuyer, nièce de Louise le
Picart, femme de Claude Foucault, conseiller
en la grande Chambre du Parlement.

De ce mariage sont issus quatre enfants :

1º Charles-Louis, qui suit.
2º Charles de Villepoix.
3º Anne de Villepoix.
4º Jacqueline de Villepoix.

Le nom de sa deuxième femme est inconnu.

V. — DE VILLEPOIX (CHARLES-LOUIS),
escuyer, seigneur et baron de Plachy, a eu
pour femme Catherine Le Febvre, mariée par
contrat du 13 février 1696, fille de feu Charles
Le Febvre, escuyer, seigneur de Valenclos, et
de Suzanne de Friaucourt.

De ce mariage sont issus sept enfants :

1° Charles-Jacques de Villepoix, né le 24 avril 1698, et baptisé en la paroisse de Saint-Martin d'Aoust, diocèse d'Amiens.

2° Catherine-Charlotte de Villepoix, née le 5 mars 1697.

3° Marie-Françoise de Villepoix, née le 16 mars 1699.

4° Antoine de Villepoix, né le 21 novembre 1700.

5° Françoise de Villepoix, née le 2 mai 1702.

6° Élisabeth-Louise de Villepoix, née le 21 août 1703.

7° Marie-Suzanne de Villepoix, née le 8 septembre 1705.

DEUXIÈME BRANCHE

IV. — De VILLEPOIX (Nicolas), deuxième fils de Jacques de Villepoix et de Madeleine de La Grange, rapportés ci-dessus, a épousé en 1645 demoiselle Marie Gascogne.

De ce mariage est issu un fils :

Pierre, qui suit.

V. — De VILLEPOIX (Pierre), né en 1650, a épousé à Beaucamps-le-Jeune, le 30 mai 1673, en présence de Noël du Bourgois, son tuteur consulaire, demoiselle Charlotte du

Bourgois, fille de Pierre du Bourgois et de
Marie Le Comte, assistée de Claude du Bourgois, son frère aîné, et d'autres parents :

De ce mariage est issu un fils :

Denis, qui suit.

VI. — DE VILLEPOIX (Denis), né en
mars 1675, à Beaucamps-le-Jeune, a épousé
par contrat du 12 septembre 1697, passé à Senarpont, devant maître Nicolas Duval, notaire
royal, demoiselle Anne Grossier, fille de Jean
Grossier et de Marie de Le Cauchie, en présence de Pierre de Villepoix, son père; de
diserte personne François-Joseph de Charny
Le Vaillant, son ami; de Jacques Le Vasseur,
de la terre et seigneurie de Foucarmont, y
demeurant, grand-oncle de ladite Anne Grossier; de Marie de Le Cauchie, sa mère, et de

messire Jean de Saint-Julien, lieutenant de
Senarpont, etc.

De ce mariage sont issus cinq enfants :

1º Pierre, qui suit.

2º Denis de Villepoix, né le 21 avril 1700 à Beaucamps-le-
Jeune, marié en 1735 à demoiselle Marie-Angélique de Le
Cauchie, a eu six enfants.

    A. Nicolas de Villepoix, marié en . . . . . décédé vers
       1820, a laissé deux garçons : l'aîné a été propriétaire
       à Boulainvilliers, n'a eu qu'une fille; le second, Fran-
       çois-Auguste de Villepoix, a été le légataire universel
       de Théodore de Villepoix, curé doyen du canton
       d'Hornoy; il est mort vers 1850, laissant deux demoi-
       selles, dont une mariée à M. Digeon, propriétaire à
       Boulainvilliers; l'autre aussi mariée à M. . . . .

    B. Denis-Bonaventure de Villepoix est décédé à Beau-
       camps-le-Jeune. Un de ses fils, portant les mêmes
       noms que lui, a été avantagé par Charles-François
       de Villepoix, son oncle.

    C. François-Noël de Villepoix a été étudiant à Paris, au
       grand séminaire de Saint-Sulpice, a été plus tard pas-
       teur protestant à Breda (Hollande), où il est décédé
       le 2 août 1813.

    D. Marie-Joséphine de Villepoix a été mariée à M. Jérôme
       Fournier; de ce mariage est issue une fille.

    E. Marie-Catherine de Villepoix a été mariée au pays de
       Gaillefontaine à M. Gavelle; de ce mariage sont issus
       trois enfants, un garçon et deux filles.

F. Françoise de Villepoix a été mariée à M. Routier, à La Marande, canton de Poix; de ce mariage est issu un garçon.

3° Marie-Anne de Villepoix, née le 29 août 1703, a été mariée à M. Boulanger; de ce mariage est issue une fille qui a été mariée à M. de May. Elle a hérité de la fortune de Charles-François de Villepoix, son cousin.

4° Charles-François de Villepoix, né le 4 septembre 1707 à Beaucamps-le-Jeune, a eu pour parrain Charles-François de Monvoisin, a été curé à la Boissière, est décédé à Beaucamps-le-Jeune en 1782. C'est lui qui a fait à son neveu Bonaventure la donation du 10 avril 1782.

5° Noël de Villepoix, né le 4 août 1709 à Beaucamps-le-Jeune, a été marié et a eu deux enfants.

A. Théodore de Villepoix, qui a été curé doyen du canton d'Hornoy, chanoine honoraire de l'insigne église cathédrale d'Amiens, est mort à Hornoy en 1845, laissant sa fortune, qui était considérable, à François-Auguste de Villepoix, ci-dessus nommé. Il avait émigré en 1789.

B. Charles-François de Villepoix, mort célibataire à Beaucamps-le-Jeune, laissant sa fortune à sa cousine madame de May.

VII. — DE VILLEPOIX (PIERRE), né le 27 février 1699, à Beaucamps-le-Jeune, a épousé en premières noces, par contrat passé

en 1720, devant maître Charles Caron, notaire
à Aumale, demoiselle Marie-Anne Mauger, de
la paroisse de Montmarquet, en présence de
Denis de Villepoix, son père, et de Catherine
de Boïenval, mère de ladite Anne Mauger,
alors veuve de Nicolas Mauger, inhumé dans
l'Église de cette paroisse.

Il eut de ce mariage une fille :

> Marie-Catherine de Villepoix, née le 29 mars 1722, décédée à
> Montmarquet, la veille de son mariage avec M. de La
> Boissière.

Il a épousé en deuxièmes noces, par contrat
du 19 septembre 1726, passé par-devant maître
de Saint-Aubin, notaire royal à Formerie,
demoiselle Marguerite d'Audin, fille de François
d'Audin et de Nicolle Beaurain, assisté de Denis
de Villepoix, son frère cadet, du sieur du Bourgois, son oncle, demeurant à Gauville, etc.;

et ladite demoiselle d'Audin assistée de François
d'Audin, son père, et de Pierre Beaurain, son
aïeul.

De ce mariage il a eu six enfants :

1° Claude de Villepoix, né en 1727 en la paroisse de Montmarquet, marié à demoiselle Scolastique Rousselle de
Frettemeule, a demeuré à Maigneville, où il était propriétaire ; de son mariage il a eu sept enfants :

A. Pierre-Alexandre de Villepoix a été prêtre, curé de
Friville, canton d'Ault, de Franleu et d'Abbeville,
où il est mort fort riche. Il avait émigré pendant la
révolution de 1789.

B. Claude-Charles-François de Villepoix est mort célibataire ; il avait été parrain avec mademoiselle Marie-
Thérèse de Lattre, de Tousvents, de Étienne-Paul
de Villepoix, de Grand-Selve, en 1780.

C. Marie-Isabelle de Villepoix a été mariée à M. Labitte,
de Digeon ; elle a demeuré à Maigneville, où elle est
morte sans enfants.

D. Julie de Villepoix a été mariée à M. Francklin, de
Coulonvilliers, près de Saint-Riquier.

E. Marguerite de Villepoix a été mariée à M. Guerville,
de Mons Boubert, canton de Saint-Valery-sur-
Somme.

F. Catherine de Villepoix a été mariée à M. Pruvost, de
Halivilliers.

2° Pierre, qui suit.

3° . . . . . de Villepoix a été religieuse à Aumale (en religion sœur Saint-Paul).

4° . . . . . de Villepoix, dame Du Bourgois, de Gauville, a eu neuf enfants, dont cinq ont fait partie de la première réquisition.

5° . . . . . de Villepoix, dame Labitte, de Digeon; a eu un fils, qui a été M. Labitte, de Maigneville.

6° . . . . . de Villepoix, dame Fléchelle, de Montmarquet; morte sans enfants.

VIII. — DE VILLEPOIX (PIERRE), né le 20 mars 1729, en la paroisse de Notre-Dame de Montmarquet, a épousé en premières noces par contrat passé en 1765, en l'étude royale de Friaucourt, demoiselle Marie-Catherine Jolly, de la paroisse de Mers; assisté de dame Marguerite d'Audin, sa mère, de Claude de Villepoix, son frère aîné; et ladite demoiselle Jolly assistée de Marie-Catherine Petit, sa mère, de Paul Jolly, son frère, et de Paul de Lattre, son oncle.

De ce mariage sont issus deux enfants :

1º Alexandre-Éloi de Villepoix, né à Bourseville en 1766, s'est
marié en 1793 à demoiselle Marie-Madeleine Jolly d'Hélicourt; il a eu de ce mariage une fille unique.

Marie-Madeleine-Émelie de Villepoix, mariée en 1822 à
M. Nicolas-Honoré-Narcisse Boutry, propriétaire à
Nesles-Normandeuse.

2º Claude-Modeste, qui suit.

IX. — De VILLEPOIX (Claude-Mo-
deste), né à Bourseville en 1768, a été marié
en 1810, à demoiselle Dufrien (Marie-Sophie),
d'Embreville.

De ce mariage sont issus deux enfants :

1º Claude de Villepoix, né à Buleux en 1811, décédé en 1825.
2º Modeste, qui suit.

X. — De VILLEPOIX (Modeste), né
à Buleux en 1815, a été marié en 1839, à
demoiselle Delphine Dufrien, de Aigneville.

De ce mariage sont issus trois enfants :

1° Alfred-Fidèle de Villepoix, né le 6 octobre 1839 à Grand-
Selve.
2° Marie-Élisabeth-Élodie de Villepoix, né le 21 novembre 1840
à Grand-Selve.
3° Charles-Ernest-Octave de Villepoix, né le 4 juin 1845 à
Grand-Selve.

VIII. — De VILLEPOIX (Pierre), veuf
en premières noces de Marie-Catherine Jolly. Il
eut pour seconde femme demoiselle Marie-
Marguerite Grandsire, de Bethencourt, fille des
défunts François-Pierre Grandsire et Anne de
Lattre.

Ce mariage a eu lieu en l'Église de Bourseville le 29 août 1774. Y assistaient : Claude de
Villepoix, de Maigneville, son frère aîné ; Joseph
de Lattre, de Bourseville, son oncle, et François-Côme Grandsire, frère de la susdite demoiselle Marie-Marguerite.

5

De ce second mariage sont issus six enfants :

1º Charles de Villepoix, né à Bourseville en 1775, a fa't partie de la première réquisition, est mort à Gravelines en 1793.

2º François de Villepoix, né en 1777 au château de Belloy, a été marié à demoiselle Rosalie Dufrien, d'Embreville. De ce mariage est issue une fille, Flore de Villepoix, née le 16 novembre 1821 à Petit-Selve, mariée à Théophile Dufrien, de Woincourt.

3º Paul-Étienne, tige de la troisième branche, qui suit.

4º Louis-Constant, tige de la quatrième branche, rapportée plus loin.

5º Élisabeth-Sophie de Villepoix, née en 1783, mariée en 1810 à M. Pruvot, de Frettemeule.

6º Alexandre-Chrysostôme, tige de la cinquième branche, rapportée plus loin.

TROISIÈME BRANCHE

IX. — DE VILLEPOIX (ÉTIENNE-PAUL), troisième fils de Pierre de Villepoix et de Marie-Marguerite Grandsire, né à Grand-Selve le 14 juillet 1780, a épousé par contrat du 7 mai 1809, passé par-devant maître Jean-Baptiste Haucourt, notaire impérial, résidant à Eu, demoiselle Justine Picard de la Huppe, fille mineure de Nicolas-Olivier-Didier Picard, et de dame Louise-Justine de la Huppe; assisté de dame Marguerite Grandsire, sa mère; de Pierre-Alexandre-Éloi de Villepoix, de Grand-Selve,

et dame Marie Jolly son épouse, son frère et sa
belle-sœur; de Claude-Modeste, François-
Pierre, Louis-Constant et Alexandre-Chrysostôme de Villepoix, ses autres frères; de demoiselle Élisabeth-Sophie de Villepoix sa sœur,
tous demeurant avec la dame leur mère à Petit-
Selve; de Pierre-Alexandre de Villepoix, curé
de Franleu, son cousin germain; du sieur
François Dufrien, d'Aigneville, son cousin issu
de germain à cause de la dame Élisabeth Jolly,
son épouse; de la dame Marie-Anne-Paul
Crocquesel, de la ferme de Blingue, sa cousine
issue de germaine en qualité et comme veuve
de Paul Jolly; de François-Côme Grandsire son
oncle. Ladite demoiselle Justine-Picard de la
Huppe assistée de Nicolas-Olivier-Didier Picard
et de dame Louise-Justine de la Huppe, ses
père et mère; de demoiselle Françoise-José-

phine Picard de la Huppe, sa sœur; de Joseph-
Antoine-Nicolas Picard, son oncle paternel;
Louis-François Rabion, son cousin germain du
côté maternel, et dame Élisabeth Selot, son
épouse; de Isidore-Antoine et Clément-Henri
de la Huppe, ses cousins germains, de dame
Françoise-Laurentine de la Huppe, sa cousine
germaine du côté maternel; de Marie-Martial
Rabion, mari de ladite demoiselle de la Huppe,
aussi son cousin germain.

Paul-Étienne de Villepoix est mort à Eu,
en sa maison de ville, le 25 octobre 1864.

De son mariage avec Justine Picard de la
Huppe, il a eu huit enfants :

1° Justine de Villepoix, née à Rouen le 1er mai 1810, morte en
    bas âge.
2° Marguerite-Pauline de Villepoix, née à Rouen le 13 juillet
    1811, mariée à Patrice-Michel Hinfray en 1837, décédée le
    9 novembre 1868.
3° Paul-Olivier-Gustave, rapporté ci-dessous.

4° Joséphine-Adèle de Villepoix, née au château d'Étalondes le
3 août 1815, mariée en 1844 à Jean-Aimé-Louis Moynier.

5° Émelie-Laurentine-Ernest de Villepoix, née au château
d'Étalondes le 10 août 1816, est décédée à Eu le 13 juin
1840.

6° Étienne-Constant-Jules, qui suit.

7° Laure-Pélagie-Zoé de Villepoix, née à Harrancourt le 20 décembre 1818, mariée le 22 janvier 1853 à Alexandre de
Villepoix, son cousin.

8° Paul-Eugène de Villepoix, né à Harrancourt le 23 juin 1825,
mort très-jeune.

X. — De VILLEPOIX (Paul-Olivier-
Gustave), né à Rouen le 13 mai 1813, fit ses
premières études au collége d'Eu, puis au collége des Oratoriens de Juilly, que la révolution
de 1830 le força de quitter. Il suivit ensuite
les cours du collége Saint-Louis, et couronna
brillamment d'excellentes études en obtenant à
l'unanimité des suffrages le diplôme de bache-
lier ès lettres le 8 avril 1834.

Encouragé dans son goût prononcé pour la carrière agricole par son père, qui professait pour cette carrière un véritable culte, il entra comme élève à l'institut agronomique de Roville, dirigé par Mathieu de Dombasle.

Son intelligence supérieure, ses aptitudes exceptionnelles et son esprit investigateur le désignèrent bientôt à l'affection du maître dont il garda, du reste, jusqu'au dernier moment le plus profond souvenir.

Peu de temps après son entrée, il fut nommé, vers 1837, par M. de Dombasle, titulaire d'une chaire de chimie et d'économie rurale au même institut de Roville.

Il quitta cet établissement vers 1842, emportant l'amitié et les regrets de tous.

Il avait marqué son passage dans le pays par sa réception, en date du 19 janvier 1844,

comme membre correspondant de la Société
d'émulation des Vosges.

Après quelques mois passés à Douai pour y
faire de nouvelles études et recherches sur la fa-
brication des sucres, son goût toujours croissant
pour la chimie et les sciences d'observation le
décida à choisir la carrière pharmaceutique, et,
après un stage de quelques mois à peine, un
examen des plus brillants lui valut à l'École
supérieure de pharmacie de Paris le diplôme
de pharmacien de première classe.

C'est alors qu'il vint s'établir à Abbeville
comme successeur de M. Poulain-Hecquet.

Son séjour en cette ville fut chaque jour
marqué par de nouvelles preuves de son ardeur
pour la science. Les exigences de sa nouvelle
profession ne lui avaient point fait perdre de
vue celle qu'il avait d'abord embrassée : en

1845-46, il publiait une brochure sur les engrais et une autre intitulée : *Coup d'œil sur la carrière agricole*, excellents conseils donnés aux jeunes agriculteurs dans un style aussi concis qu'élégant. Ces deux ouvrages lui valurent le titre de membre de la Société royale d'émulation d'Abbeville, puis du comité des sciences physiques près la Société industrielle d'Amiens.

On a encore de lui un traité manuscrit d'agriculture, et quelques notes sur le même sujet réunies par lui sous le titre : *Souvenirs de Roville*.

De nombreux procès-verbaux d'expertises, analyses, recherches scientifiques, faits pendant sa longue carrière, sont les preuves de son infatigable activité et de sa continuelle préoccupation de l'amélioration du bien-être et de la santé publics.

6

L'industrie des huiles lui doit une amélioration heureuse : le filtre prismatique, inventé par lui en 1860, permit d'obtenir à la fois une épuration plus rapide et un produit plus beau.

Joignant à la variété et à la profondeur de ses connaissances la modestie du savant, Gustave de Villepoix était vivement goûté et recherché de tous ses concitoyens.

Il fut nommé successivement membre du jury médical du département de la Somme, puis de l'arrondissement d'Abbeville, inspecteur du travail des enfants dans les manufactures, membre du tribunal de commerce d'Abbeville, de la commission administrative des prisons, du conseil d'hygiène et de salubrité, expert près les tribunaux, inspecteur des subsistances pour la ville.

Son intégrité et sa franchise si connues lui

valurent, pendant la triste guerre de 1870-71, l'honneur de faire partie de la commission municipale d'Abbeville.

Caractère droit et ferme, esprit élevé et inflexiblement logique, il a marqué à ce coin chacune de ses œuvres, vérification vivante de l'axiome célèbre : « Le style c'est l'homme. »

Aussi bref, aussi concis que dans ses paroles, son style, jusques et surtout dans sa correspondance familière, retrace tout entier son caractère, et l'on peut dire sans exagérer qu'il était aussi littérateur que savant.

Il avait épousé, le 26 mars 1854, dame Clarisse Mazure, d'Abbeville, décédée sans enfants le 19 mars 1874.

Encore dans la force de l'âge et à l'apogée de ses travaux, G. de Villepoix fut enlevé à l'affection des siens le 25 septembre 1874.

X. — De VILLEPOIX (Étienne-Constant-Jules), né au château d'Étalondes le 5 décembre 1817, étudia l'agriculture chez M. Bazin,
agronome, au Mesnil-Saint-Firmin (Oise), fut
maire de la commune d'Avesnes (Seine-Inférieure), membre de la Chambre consultative
d'agriculture de la Seine-Inférieure pour l'arrondissement de Dieppe. Il a obtenu, le 25 octobre 1857, la grande médaille d'or de la Société
centrale d'agriculture du département de la
Seine-Inférieure, pour ses belles récoltes et la
bonne tenue de son exploitation agricole.

Il a épousé, par contrat du 11 juin 1844,
passé devant Me Martin, notaire à la résidence
de Oisemont, demoiselle Marie - Madeleine -
Émelie Boutry, sa cousine, fille aînée de Nicolas-Honoré-Narcisse Boutry, propriétaire à Nes-

les-Normandeuse, et de Marie-Madeleine-Émelie de Villepoix.

De ce mariage sont issus quatre enfants,
savoir :

1º Paul-Émile-Charles de Villepoix, né au Val-du-Roy, canton
d'Eu, le 2 octobre 1846.

2º Pierre-Narcisse-Émile de Villepoix, né à Regniétuit le 22 janvier 1849, décédé à Nesles-Normandeuse le 23 juillet 1868.

3º Marie-Louise-Émelie de Villepoix, née à Regniétuit le 20 mars
1850.

4º Louis-Prosper-Gustave de Villepoix, né à Regniétuit le 18
janvier 1852.

QUATRIÈME BRANCHE

IX. — DE VILLEPOIX (Louis-Constant), quatrième fils de Pierre de Villepoix et de Marie-Marguerite Grandsire, né à Grand-Selve en 1781, a épousé en 1815 demoiselle Rose Davergne, de Feuquières, fille de Alexis Davergne et de dame Rose de Lignière, de Chepy. Il est décédé à Tilloy-Floriville le 24 mai 1861, à l'âge de 82 ans.

De ce mariage sont issus deux enfants :

1° Henriette de Villepoix, née à Tilloy-Floriville en 1816, mariée en 1846 à M. Pierre-Édouard Dufour, propriétaire à Menchecourt-les-Abbeville.

2° Constant de Villepoix, qui suit.

X. — DE VILLEPOIX (CONSTANT), né à
Tilloy-Floriville le 16 octobre 1817, a épousé
en avril 1865 demoiselle Adèle Davergne, de
Feuquières, sa cousine, fille de Florentin Davergne et de Euphrasie Auger, de Réalcamp.

De ce mariage sont issus plusieurs enfants :

1° Clémentine de Villepoix, née le 29 mai 1867 à Tilloy-Floriville.
2° Édouard de Villepoix, né le 14 janvier 1873.
3° Achille, frère jumeau du précédent, décédé à l'âge de huit
mois, en septembre 1873.

CINQUIÈME BRANCHE

IX. — DE VILLEPOIX (ALEXANDRE-CHRYSOSTÔME), sixième fils de Pierre de Villepoix et de Marie-Marguerite Grandsire, né au Petit-Selve en 1785, marié le 20 août 1813 à demoiselle de Beauvais, d'Hélicourt, fille de Dominique de Beauvais et de Geneviève Léger. Il est décédé au Petit-Selve à l'âge de 85 ans.

De ce mariage sont issus quatre enfants :

1° Alexandre, qui suit.
2° Chrysostôme de Villepoix, né au Petit-Selve le 4 octobre 1821. Tige de la sixième branche, rapportée plus loin.
3° Adèle de Villepoix, née au Petit-Selve le 18 avril 1825, mariée en 1850 à Charles Gauthier, de Woincourt.

4° Hyacinthe de Villepoix, née au Petit-Selve le 18 avril 1825, mariée à Hippolyte Boutfol le 2 juin 1857.

X. — De VILLEPOIX (Alexandre), né au Petit-Selve le 13 décembre 1819, agronome, suppléant du juge de paix du canton de Gamaches (Somme), a épousé, le 22 février 1853, demoiselle Laure-Pélagie-Zoé de Villepoix, sa cousine, fille de Paul-Étienne de Villepoix et de Justine Picard de la Huppe.

De ce mariage est issu un fils :

Pierre-Paul de Villepoix, né au Petit-Selve le 28 mars 1860.

7

SIXIÈME BRANCHE

X. — DE VILLEPOIX (CHRYSOSTOME), deuxième fils de Alexandre-Chrysostôme de Villepoix et de Geneviève de Beauvais, né au Petit-Selve le 4 octobre 1821, agronome, maire de la commune de Buigny-les-Gamaches (Somme), a épousé, le 20 mars 1854, demoiselle Sophie Martel, de Woincourt, fille de Marie-Joseph Martel et de Agnès Vatel.

De ce mariage sont issus trois enfants :

1º Louis de Villepoix, né au Petit-Selve le 4 janvier 1855.
2º Adèle de Villepoix, née au Petit-Selve le 1er février 1859.
3º. Berthe de Villepoix, née au Petit-Selve le 22 janvier 1860.

ALLIANCES

AVEC

LA FAMILLE DE VILLEPOIX

17.. — 1857

PRUVOST

MAIGNEVILLE. — SOMME.

PRUVOST (Nicolas), né à Camps-l'A-miennois, a épousé Catherine de Villepoix, fille de Claude de Villepoix et de Scolastique Rousselle.

De ce mariage sont issus trois enfants :

1º Alphonse, qui suit.
2º Hippolyte Pruvost, né en 1816, décédé à Camps-l'Amien-nois en 1870, sans enfants.
3º ... Pruvost, née à Halivilliers, mariée à M. Boucher, dé-cédée à Domart-sur-la-Luce en 1871, sans enfants.

PRUVOST (Alphonse), né le 20 février 1809, à Halivilliers, a épousé, le 12 juillet 1841, Sophie Pruvot de Frettemeule, fille de Félix Pruvot et de Élisabeth-Sophie de Villepoix, née à Frettemeule le 4 avril 1811.

De ce mariage sont issus quatre enfants :

1º Alfred, né à Maigneville le 25 juillet 1843.
2º Aline, née à Maigneville le 5 novembre 1844.
3º Emma, née à Maigneville le 29 mars 1847, décédée le 30 mai 1861.
4º Esther, née à Maigneville le 26 mai 1848.

PRUVOT

PRUVOT (Félix), né à Frettemeule le
25 mars 1776, fils de feu Félix Pruvot et de
feue Marie Thérin-Désenclos, décédé le 18 janvier 1836, a épousé, le 3 juillet 1810, Élisabeth-
Sophie de Villepoix, fille de Pierre de Villepoix
et de Marguerite Grandsire, demeurant au
Grand-Selve.

De ce mariage sont issus quatre enfants :

1° Sophie Pruvot, née à Frettemeule le 12 avril 1811, mariée
en 1841 à Alphonse Pruvost de Maigneville.

8

2° Félix, qui suit.

3° Émilie Pruvot, née le 19 août 1816, mariée à M. de Beauvais, à Hélicourt, le 24 mai 1852, décédée à Blangy-sur-Bresle en mai 1865, sans enfants.

4° Pauline Pruvot, née le 7 mars 1820, décédée le 8 avril 1836.

PRUVOT (FÉLIX), né le 28 juin 1812, à Frettemeule, conseiller d'arrondissement, a épousé, le 29 février 1848, demoiselle Esther Martel, fille de Marie-Joseph Martel et de Agnès Vatel; décédé le 26 octobre 1874.

De ce mariage sont issus six enfants :

1° Félix Pruvot, né le 23 décembre 1848.

2° Émile Pruvot, né le 28 janvier 1850.

3° Paul Pruvot, né le 8 février 1851.

4° Gustave Pruvot, né le 25 janvier 1857.

5° Louis Pruvot, né le 8 octobre 1853, décédé le 16 septembre 1854.

6° Marie Pruvot, née le 12 juillet 1855.

BOUTRY

NESLES-NORMANDEUSE.—SEINE-INFÉRIEURE.

I. BOUTRY (Nicolas-Honoré-Narcisse), né à Nesles-Normandeuse en février 1792, fils de Casimir Boutry et de Thérèse Prouzel, a épousé, le 22 juillet 1822, Marie-Madeleine-Émélie de Villepoix, fille unique de Alexandre-Éloi de Villepoix et de Marie-Madeleine Joly, demeurant à Bouillancourt en Serie.

De ce mariage sont issus quatre enfants :

1º Marie-Madeleine-Émélie Boutry, née le 6 juin 1823 à Nesles-

Normandeuse, mariée le 11 juin 1844 à Étienne-Constant-
Jules de Villepoix.

2° Marie-Adèle Boutry, née à Nesles-Normandeuse le 21 septembre 1824.

3° Casimir-Narcisse, qui suit, né à Nesles-Normandeuse le 15
décembre 1826.

4° Gustave-Jean-Baptiste-Boutry, né à Nesles-Normandeuse le
15 octobre 1829.

II. BOUTRY (Casimir-Narcisse), né à
Nesles-Normandeuse le 15 décembre 1826, a
épousé, le 24 octobre 1848, Victorine Crevel,
fille de Antoine-Adrien Crevel et de Marie-
Marguerite Le Bon, demeurant à Aumale.

De ce mariage sont issus plusieurs enfants :

1° Mathilde, née à Aumale le 5 avril 1850.

2° Adrienne, née à Aumale le 25 juillet 1853.

3° Henri, né à Aumale le 6 décembre 1859.

HINFRAY

EU. — SEINE-INFÉRIEURE.

HINFRAY (Patrice-Michel), propriétaire
à Eu, né le 16 mars 1806 à Martigny (Seine-
Inférieure), fils de Michel-Alexis Hinfray, propriétaire, et de Anne-Marguerite-Geneviève
Viguerard, demeurant à Martigny, a épousé, le
24 octobre 1837, Marguerite-Pauline de Villepoix, fille de Paul-Étienne de Villepoix et de
Justine Picard de la Huppe. Il est décédé le
13 janvier 1852.

De ce mariage sont issus trois enfants :

ALLIANCES.

1° Olivier-Marie-Eugène Hinfray, né à Eu le 29 mars 1839, décédé à Eu le 18 septembre 1868.

2° Paul-Just-Raoul Hinfray, né à Eu le 4 avril 1841.

3° Louis-Joseph-Paul Hinfray, né à Eu le 3 mars 1844.

MOYNIER

HARRANCOURT. — SEINE-INFÉRIEURE.

MOYNIER (Jean-Aimé-Louis), capitaine au 10ᵉ de cuirassiers, chevalier de la Légion d'honneur, médaillé de Sainte-Hélène, né à Gênes (Piémont) le 10 avril 1797, fils de Jean-Marie Moynier, directeur de l'enregistrement et des domaines, et de Marie-Angelina de Sommariva, a épousé, le 24 février 1844, à Eu, Joséphine-Adèle de Villepoix, fille de Paul-Étienne de Villepoix et de Justine Picard de la Huppe, demeurant à Eu.

De ce mariage est issu un fils :

Paul-Louis-Jean-Marie-René Moynier, né à Harrancourt le 5 juin 1851.

———————

DUFOUR

DUFOUR (Édouard), fils de Pierre Dufour et de Philippine Maillet, a épousé en 1846, le 12 juin, Henriette de Villepoix, fille de Louis-Constant de Villepoix et de Rose Davergne, de Feuquières.

Il est décédé à Menchecourt le 11 février 1871, laissant un fils :

Édouard-Émile Dufour, né à Menchecourt le 12 mai 1847.

9

DUFRIEN

PETIT-SELVE. — SOMME.

DUFRIEN (Théophile), fils de Antoine-François Dufrien et de Marie-Françoise-Julie Rouget, né à Woincourt le 20 avril 1814, a épousé, le 9 août 1847, Flore de Villepoix, fille de François de Villepoix et de Rosalie Dufrien, d'Embreville.

De ce mariage sont issus trois enfants :

1° Julie Dufrien, née au Petit-Selve le 21 mai 1848.
2° Antoine-François, né au Petit-Selve le 28 décembre 1849.
3° Thècle-Marie Dufrien, née au Petit-Selve le 28 mars 1854.

GAUTHIER

WOINCOURT. — SOMME.

GAUTHIER (CHARLES), né à Escarbotin le 18 septembre 1813, fils de Hubert-Laurent Gauthier et de Aimable-Rosalie de Beauvais, demeurant à Escarbotin, a épousé, le 14 mai 1850, Adèle de Villepoix, fille de Alexandre-Chrysostôme de Villepoix et de Geneviève de Beauvais, demeurant au Petit-Selve.

De ce mariage sont issus six enfants :

1° Émile Gauthier, né à Woincourt le 17 mars 1851.

2° Marie Gauthier, née à Woincourt le 11 mai 1852.

3° Louise Gauthier, née à Woincourt le 5 septembre 1853.

4° Arthur Gauthier, né à Woincourt le 24 décembre 1854.

5° Eugénie Gauthier, née à Woincourt le 2 février 1856.

6° Clémentine Gauthier, née à Woincourt le 28 février 1858.

BOUTFOL

BOUTFOL (Hippolyte), fils de Jean-Hip-
polyte Boutfol et de Marie-Jeanne Renard, né
le 2 mars 1816 à Hupponvilliers, arrondissement de Nogent-le-Rotrou (Eure-et-Loir), a
épousé, le 2 juin 1857, Hyacinthe de Villepoix,
fille de Alexandre-Chrysostôme de Villepoix et
de Geneviève de Beauvais.

NOTES

ET PIÈCES EXPLICATIVES

La Généalogie de la famille DE VILLEPOIX
a été établie par MM. Gustave et Jules de Villepoix,
d'après les documents dont suit la désignation, et qui
sont conservés aux archives de la famille, chez M. Jules
de Villepoix.

1° Une généalogie manuscrite, par Chevillard, généalogiste du
roi, historiographe de France, revêtue de son cachet.

2° Une autre généalogie du même, portant le n° 21,979, revêtue
de son cachet.

3° Une généalogie imprimée sur une feuille détachée du *Grand
Nobiliaire de Picardie* de Rousseville.

4º Une procuration datée de l'année 1540, donnée par messire Jehan Goberot, chanoine de Troyes en Champagne, à Jehan de Villepoix, curé de ladite ville.

5º Une transaction, datée de 1586, faite à Beauvais, entre la veuve de Pierre de Villepoix et ses cohéritiers.

6º Un extrait de la précédente transaction portant le nº 22,628, et revêtu du cachet des Archives de l'Ordre de Malte.

7º Une note indicative de la même transaction portant le nº 116.

8º Acte de décès de Nicolas de Villepoix, le 29 septembre 1668, à Beaucamps-le-Jeune.

9º Acte de mariäge de Pierre de Villepoix, fils de Nicolas de Villepoix et de Marie Gascogne, à Beaucamps-le-Jeune, le 30 mai 1673, avec Charlotte Du Bourgois.

10º Acte de baptême de Denis de Villepoix, fils de Pierre de Villepoix et de Charlotte Du Bourgois, à Beaucamps-le-Jeune, le 3 mars 1675.

11º Acte de mariage de Denis de Villepoix, fils unique de Pierre de Villepoix et de Charlotte Du Bourgois, avec Anne Grossier, à Beaucamps-le-Jeune, le 15 octobre 1697.

12º Contrat de mariage de Denis de Villepoix, désigné au numéro précédent, passé devant Mᵉ Duval, notaire royal à Senarpont, le 10 septembre 1697.

13º Acte de baptême de Pierre de Villepoix, fils aîné de Denis de Villepoix et de Anne Grossier, à Beaucamps-le-Jeune, le 27 février 1699.

14º Acte du premier mariage de Pierre de Villepoix, fils de Denis de Villepoix et de feue Anne Grossier, avec Marie-Anne Mauger, en la paroisse de Notre-Dame de Montmarquet, le 26 novembre 1720.

15º Acte de décès de Marie-Anne Mauger, épouse de Pierre de Villepoix, à Montmarquet, le 29 janvier 1726.

16º Acte du second mariage de Pierre de Villepoix, veuf en premières noces de Marie-Anne Mauger, avec Marie-Marguerite d'Audin, à Campeaux, le 15 octobre 1726.

17º Acte de baptême de Pierre de Villepoix, fils de Pierre de Villepoix et de Marguerite d'Audin, à Notre-Dame de Montmarquet, le 20 mai 1729.

18º Acte du premier mariage de Pierre de Villepoix, fils de Pierre de Villepoix et de Marguerite d'Audin, avec demoiselle Marie-Catherine Jolly, de la paroisse de Mers, à Bourseville, le 17 septembre 1765.

19º Acte du second mariage de Pierre de Villepoix, fils de Pierre de Villepoix et de Marguerite d'Audin, avec Marguerite Grandsire, de Béthencourt, à Bourseville, le 29 août 1774.

20º Acte de décès de Pierre de Villepoix, fils de Pierre de Villepoix et de Marguerite d'Audin, au Petit-Selve, le 8 juillet 1796.

21º Acte de naissance de Paul-Étienne de Villepoix, fils de Pierre de Villepoix et de Marguerite Grandsire, à la ferme du Grand-Selve, le 24 juillet 1780.

22º Contrat de mariage de Paul-Étienne de Villepoix avec demoiselle Justine Picard de la Huppe, de la ville d'Eu, le 7 mai 1809.

23º Acte du mariage civil du même, à Eu, le 29 mai 1809.

24º Acte de naissance de Paul-Olivier-Gustave de Villepoix, fils de Paul-Étienne de Villepoix et de Justine Picard de la Huppe, à Rouen, le 13 mai 1813.

25º Un acte sur parchemin, visé et paraphé par le garde des sceaux d'Amiens, relatif à une acquisition de terre par Claude de Villepoix en 1774.

26º Une consultation par un conseil d'avocats de Rouen, à cause

10

d'une donation faite par Charles-François de Villepoix, curé de la Boissière, à son neveu Bonaventure de Villepoix, le 1er avril 1783.

27° Une lettre de Noël de Villepoix, ministre protestant à Breda (Hollande), à son frère Denis de Villepoix, à Beaucamps-le-Jeune, datée du 18 mai 1788.

28° Contrat de mariage du sieur Nicolas-Olivier-Didier Picard et de dame Louise-Justine de la Huppe, du 26 janvier 1783.

29° Deux actes de naissance des parents de Louise-Justine de la Huppe.

30° Tableau généalogique de la famille de la Huppe, ci-annexé.

ALLIANCE DES FAMILLES DE VILLEPOIX ET DE LA HUPPE

TABLEAU GÉNÉALOGIQUE

De La Huppe, seigneur de la Herquillère.

Louis de La Huppe, écuyer, seigneur de Chérmillon, à Soisson de Bruay, il était cadet volontaire aux gardes françaises.

Richard de La Huppe, écuyer, garde du corps du roi.

François de La Huppe, sieur de la Brochardière.

André de La Huppe, écuyer, recteur d'Ozel.

Richard de La Huppe, écuyer, garde du corps du roi.

Richard de La Huppe, écuyer, à ép. Françoise Robin.

Gabriel de La Huppe, écuyer, sieur de l'Austrière, garde du corps du roi.

Jean-Baptiste de La Huppe, sieur de La Maisonnière.

Jacques de La Huppe, sieur de l'Austrière, président de l'élection d'Avranche.

Claude-Angélique de La Huppe, sieur de Boulais.

Demoiselle de La Huppe, épouse Michel de La Huppe.

Jean-Baptiste de La Huppe, sieur de Boulais.

Claude de La Huppe, seigneur de la Fresnaye.

Charles de La Huppe, seigneur de la Berquière.

Claude-Antoine de La Huppe, avocat.

Sept demoiselles de La Huppe, décédées sans postérité.

Claude-François de La Huppe, décédé doyen des avocats du bailliage de Mortain.

Marie-Catherine-Françoise Varembault.

Marie-Joséphine-Noëlle-Françoise-Marguerite de La Huppe, née à Hoppe (...), 19 août 1713.

Claude-Gabriel de La Huppe, décédé curé de Blois.

Jean-François de La Huppe, décédé curé de Blois.

César de La Huppe, sieur de La Brochardière, décédé sans postérité.

Demoiselle de La Huppe, décédée sans postérité.

Louis de La Huppe, avocat.

Louise-Justine de La Huppe, ép. Nicolas-Olivier-Didier Picard.

De La Huppe, ép. Letellier de La Pagerolière.

Jean-Baptiste de La Huppe, ép. Louise-Jacqueline Lancelin.

De La Huppe, ép. La Roussaudière, sieur de La Guénais.

De La Huppe, ép. Lerbeurs à Saint-Hilaire.

De La Huppe, ép. Roussel.

Demoiselle de La Huppe, ép. (...) Loiselière.

Lincleufs.

Françoise-Joséphine Picard, décédée.

Marine Picard, décédée.

Justine Picard, ép. Paul-Étienne de Villepoix.

Antoine-Isidore de La Huppe, ép. Amazanie-Napoléon Oriet.

Rabion Charles-François.

Rabion Pierre, décédé sans postérité.

Rabion, Françoise de La Huppe.

Rabion Sophie, ép. Lenarchist.

Rabion Félicité, ép. Demachy.

De Villepoix Marguerite, ép. Pauline Michel-Patrice Hinxhay.

De Villepoix Paul-Olivier-Gustave-Casimir, sans postérité.

De Villepoix, ép. Moyneur.

Laurentine-Joséline-Ernest de Villepoix, décédée.

De Villepoix Charles, décédé à 17 mois.

Clémence-Lucile de La Huppe, ép. Mortin.

Laurentine-Françoise de sosisa à, ép. Marie-Martial Amédée Crispont.

Clément-Henry Amédée Crispont.

Rabion, ép. Henriette Roquet.

Eltra, ép. Fumeneil.

Sophie, ép. Harteil.

Zoé, ép. Fumeneil.

Alexandrine Louis Demachy.

Alexandrine, ép. Demachy.

Angèle, ép. Soucard.

De Villepoix, Joséphine-Aélie de Villepoix, décédée.

De Villepoix Laure-Félicité Zoé et Eugénie de Villepoix, décédée à 11 mois.

Émile Mortin, ép. Jozé, ép. Lavernot.

Rabion, ép. Henriette Roquet.

Rabion.

Rabion.

Clément-Henry, ép. Daussat.

De La Huppe, Henry, Clément, décédé sans postérité.

Paul, Frédéric, Alfred, Harel.

Noémie Olfbent, Noémi Camille, Alexandre-Aline Gustave et Agathe Alfred et Refry Harel, Fumeret, Fumeret, et Jules Lavernot, Demachy, Bouzard. Alexandre ép. Prudomme.

Eugène, Raoul, Paul, décédé Hinxhay.

René Moyneur.

Eugène de Villepoix, décédé à 11 mois.

De Villepoix, Marie, Émile, décédé, Gustave.

De Villepoix, Eugène-Constant, Jules, demoiselle Fleury.

De Villepoix, Charles, Pierre-Paul.

Demoiselle de La Huppe.

A PARIS

DES PRESSES DE D. JOUAUST

Rue Saint-Honoré, 338

M DCCC LXXV

www.ingramcontent.com/pod-product-compliance
Lightning Source LLC
Chambersburg PA
CBHW070904280326
41934CB00008B/1575